Schirm Kürzer, knapper, präziser

Rolf W. Schirm

Kürzer, knapper, präziser

Der neue Mitteilungsstil moderner Führungskräfte

Econ Verlag · Düsseldorf · Wien

1.–6. Tausend November 1970
7.–9. Tausend März 1971

Gesetzt aus der 10/13 Punkt Helvetica der Linotype GmbH.
Gesamtherstellung: Butzon & Bercker, Kevelaer.
Printed in Germany.
ISBN 3 430 17968 8

Inhalt

Vorwort

Dieses Buch ist für Menschen geschrieben,
die nicht gern ihre Zeit verschwenden.
Der Text ist komprimiert.
Die Anordnung des Satzes
steigert die Lesegeschwindigkeit
und erleichtert das Verständnis.

Das Zeitalter der Information

Man kann unsere Zeit
die Zeit der Elektronik nennen.
Besser noch: Die Zeit der Information.

Noch nie war Information so wichtig.
Wir leben in komplizierten Systemen.
Nur ein Netz von Informationen
hält diese Systeme zusammen.

Der unmittelbare Kontakt wird seltener.
Entfernungen spielen keine Rolle:
Menschen müssen Informationen austauschen.
Manche über Telefon und Funk,
aber die meisten als Mitteilung
auf einem Stück Papier.

Die Informationslawine

Die Menge der Mitteilungen wächst:
Immer mehr Briefe befördert die Post;
immer mehr interne Mitteilungen entstehen:
Aktennotizen, Rundschreiben, Berichte.
Die Informationslawine rollt.

Was können wir dagegen tun?

„Lest schneller!"
heißt eine Forderung unserer Zeit.
Und man lernt, schneller zu lesen.

Aber ist es eigentlich fair,
das Problem auf den Empfänger abzuwälzen?

Nichts gegen schnelleres Lesen.
Das ist sicherlich nützlich.
Davor steht aber die dringende Forderung
an die Verfasser der vielen Mitteilungen:
„Schreibt kürzer!"

Der neue Mitteilungsstil

Wir brauchen einen neuen Mitteilungsstil.
Nur ein neuer Stil kann uns helfen,
im Wettlauf mit der Informationslawine
noch davonzukommen.

Der neue Stil muß kurz sein,
knapp und präzise.
Er muß Form und Inhalt
ins rechte Verhältnis bringen:
Das Entbehrliche fortlassen,
das Notwendige optimal mitteilen.

Nur solche Mitteilungen haben noch Chancen
1. überhaupt gelesen zu werden,
2. richtig verstanden zu werden,
3. die gewünschte Wirkung zu erzielen.

Aber so zu schreiben, dazu gehört Mut:
der Mut, den „Geschäftsstil" aufzugeben,
der Mut, unkonventionell zu schreiben.

Der „Geschäftsstil“

Setzen Sie jemanden in ein Büro,
und er kann nicht mehr einfach schreiben.
Im „geschäftlichen Schriftverkehr“
hält er sich an die Tradition.
Wie hatte doch der Vorgänger geschrieben?

„Unter höfl. Bezugnahme auf das gehabte Gespräch
des Rechtsunterzeichneten mit Ihrem sehr geehrten
Herrn Schickel müssen wir Ihnen mitteilen, . . .“

Denn ein Geschäftsbrief ist ein Brief,
der von einem Geschäftsbrief abgeschrieben ist,
der von einem Geschäftsbrief abgeschrieben ist . . .
und so weiter, bis zurück in eine Zeit,
da ein Herr Secretarius mit spitzem Federkiel
seine verschnörkelten Sätze zu Papier brachte.

Auch aus modernsten Schreibmaschinen
quellen deshalb umständliche Episteln:
langatmig, weitschweifig, verschwommen.

Die neue Höflichkeit

Die beliebteste Entschuldigung
für den üblichen Geschäftsstil
ist seine angebliche Höflichkeit.

„Wir bestätigen dankend den Erhalt Ihres werten
Obigen und dürfen Ihnen höflichst mitteilen, daß
wir uns Ihren geschätzten Ausführungen anschließen
und mit den genannten Bedingungen einiggehen."

Wenn man einfach schriebe:
„Mit Ihren Bedingungen sind wir einverstanden."
Wäre das unhöflicher?
Im Gegenteil – es wäre höflicher!
Denn für Länge und Umständlichkeit
zahlt der Empfänger mit Zeit und Mühe.

Wir brauchen eine neue Höflichkeit.
Nicht die der unterwürfigen Phrasen,
sondern die Höflichkeit der Kürze:
Die Achtung vor der Zeit des Anderen.

Rezept für einen neuen Stil

Der neue Mitteilungsstil
ist kürzer, knapper, präziser.
Ein Blick in den Schriftverkehr zeigt:
Im neuen Stil zu schreiben
gelingt nicht auf Anhieb.

Dabei ist es gar nicht so schwer.
Man muß nur einige Gewohnheiten ändern,
und das ist immer unbequem.

Dieses Buch will Ihnen dabei helfen.
Es zeigt, wie man Mitteilungen
im neuen Stil abfaßt.

Das Rezept dafür ist einfach:
1. Präzisiere Deine Gedanken!
2. Fasse Dich kurz!

Wie man das am besten macht,
erfahren Sie auf den folgenden Seiten.

Der Weg zum neuen Mitteilungsstil

Präzisiere Deine Gedanken!

Kürzer schreiben heißt präziser denken.
Darin liegt der Kern des neuen Stils
und nicht in vielen Schreibregeln.

Die Hauptarbeit liegt vor dem Schreiben.
Sie müssen Ihre Gedanken präzisieren:
in der richtigen Richtung
auf das richtige Ziel
in der richtigen Folge denken –
dann ist das Schreiben nicht schwer.

„Präzisiere Deine Gedanken!" bedeutet:
Denke mehr!

Niemand macht sich gern unnötige Arbeit.
Trotzdem schreibt man meist viel mehr,
als eigentlich nötig wäre.
Es ist nämlich viel einfacher,
sich lang und umständlich auszudrücken
als kurz und knapp.

Die Mühe liegt ja nicht im Schreiben,
sie liegt im Denken!

Die Phrasen des „Geschäftsstils"
machen das Denken überflüssig.
Sie vermitteln zwar wenig Information,
aber sie füllen mühelos die Seiten.

Der neue Mitteilungsstil
verlangt deshalb nicht einfach:
„Schreibt weniger!",
sondern zunächst einmal:
„Denkt mehr!"

„Präzisiere Deine Gedanken!" bedeutet:
Denke vorher!

Der Wert Ihrer Mitteilung liegt fest,
ehe die erste Zeile geschrieben ist.
Denn Schreiben heißt Gedanken festlegen.
Also kommt es auf die Gedanken an.

Zwar kann ein schlechter Schreibstil
die Wirkung eines Gedankens schmälern.
Aber auch der vollendetste Stil
kann keinen klaren Gedanken ersetzen.

Der neue Mitteilungsstil verlangt,
daß Sie kürzer und knapper schreiben.
Das erfordert bessere Vorbereitung.

Ich weiß, Sie haben wenig Zeit.
Aber seien Sie unbesorgt:
Hier geht es nicht um zeitraubende Entwürfe.
Es geht um den einfachen Grundsatz:
Zuerst denken –
dann erst diktieren oder schreiben.

„Präzisiere Deine Gedanken!“ bedeutet:
Denke an den Empfänger!

Eine Mitteilung erfüllt ihren Zweck,
wenn sie tatsächlich ankommt.

Ein Brief, der verlorengeht,
ist so gut wie nicht geschrieben.
Aber auch eine Mitteilung,
die beim Empfänger nicht „ankommt“,
die er nicht richtig versteht,
von der er nicht angesprochen wird,
ist so gut wie nicht geschrieben.
Nur was der Empfänger aufnimmt,
ist wirklich „mitgeteilt“.

Kehren Sie Ihre Denkrichtung um!
Denken Sie nicht von Ihrem Standpunkt,
sondern vom Standpunkt des Empfängers.
Fragen Sie sich nicht:
„Was soll ich schreiben?“
Fragen Sie sich:
„Was soll der Empfänger lesen?“

**„Präzisiere Deine Gedanken!“ bedeutet:
Denke an das Ziel!**

Mitteilungen sind nicht Selbstzweck.
Jede Mitteilung hat das Ziel,
auf den Empfänger einzuwirken,
sein Verhalten zu beeinflussen.

Sie wollen nicht „ein Angebot schreiben“
sondern einen Auftrag erhalten;
nicht „eine Reklamation beantworten“
sondern einen Kunden zufriedenstellen;
nicht „einen Mahnbrief schreiben“
sondern endlich zu Ihrem Geld kommen.

Jeder Brief ist ein Werbebrief.
Denn Wirkungen hat eine Mitteilung immer:
entweder wirbt sie für Sie
oder gegen Sie.

Schreiben Sie deshalb nicht drauflos.
Machen Sie sich vorher klar:
„Was will ich erreichen?“

„Präzisiere Deine Gedanken!“ bedeutet:
Denke an das Notwendige!

Erst wenn das Ziel klar ist,
können Sie an den Inhalt denken.
Aber nicht an die Formulierung –
soweit sind Sie noch nicht.
Noch geht es um präzises Denken,
und das kommt vor dem Formulieren.

Mitteilungen im neuen Stil
enthalten nur notwendige Informationen.
Überlegen Sie also:
Welche Informationen sind notwendig,
um das Ziel zu erreichen?

Ein Tip für längere Mitteilungen:
Halten Sie das Notwendige
in Stichworten fest.
Dann können Sie beim Diktieren
die beste Formulierung finden,
ohne Wichtiges zu vergessen
oder Überflüssiges hinzuzufügen.

„Präzisiere Deine Gedanken!" bedeutet:
Denke an die Reihenfolge!

Informationen sind am wirksamsten
in der richtigen Reihenfolge.

„Richtig" heißt: richtig für den Empfänger.
Bei ihm wollen Sie Ihr Ziel erreichen.
Fragen Sie sich deshalb:
Welche Information ist für ihn am wichtigsten?
Sie gehört an den Anfang.

Sie sind zum Beispiel daran interessiert,
daß Ihr Kunde eine neue Anschrift verwendet:
die Ihrer neuen Zweigstelle in seiner Nähe,
die ihn direkt und schneller beliefert.

Sein Interesse ist die schnelle Belieferung.
Deshalb interessiert ihn die neue Zweigstelle
und schließlich auch deren Anschrift.

In *seiner* Reihenfolge
wird Ihre Mitteilung wirksamer!

Der neue Mitteilungsstil fordert: Präzisiere deine Gedanken!

Hier noch einmal die wichtigsten Hinweise,
wie Sie das am besten anfangen:

Denken Sie mehr!
Denkdisziplin geht vor Schreibroutine.

Denken Sie vorher!
Schreiben heißt Gedanken festlegen.

Denken Sie an den Empfänger!
Nur was „ankommt“, ist mitgeteilt.

Denken Sie an das Ziel!
Mitteilungen sind kein Selbstzweck.

Denken Sie an das Notwendige!
Nichts Wichtiges darf fehlen.

Denken Sie an die Reihenfolge!
Das Interesse des Empfängers entscheidet.

Fasse dich kurz!

Sie haben jetzt die Mitteilung im Kopf.
Das Ziel steht klar vor Ihnen.
Sie wissen, was sie mitteilen müssen
und in welcher Reihenfolge.

Jetzt können Sie darangehen,
die Mitteilung zu formulieren.
Bringen Sie Ihre Gedanken
in die kürzeste, knappste Form.
Sie ist zugleich die wirksamste.

Wie es nicht geht

Viele Anleitungen erwecken den Anschein,
„Fasse Dich kurz“ sei eine Sache des Rotstifts:
Man brauche aus einer üblichen Mitteilung
nur alles Überflüssige herauszustreichen.
Das gäbe dann die perfekte Form.

Das ist unrationell und absurd:
Neue Formen entstehen nicht dadurch,
daß man von alten die Verzierungen entfernt,
sondern durch einen neuen Entwurf.

Andere versuchen es mit vielen Regeln:
Regeln der Grammatik, Regeln des Stils.

Aber wer schreibt bessere Mitteilungen,
wenn er dabei an unzählige Regeln denkt?
Außerdem stellen die meisten Regeln nur fest,
wie man gestern „richtig“ geschrieben hat.
Sie geben keine Hilfe für den Stil von morgen,
den wir heute schon üben müssen.

Wie es geht

Vergessen Sie alle Vorbilder,
alle Vorstellungen vom „Geschäftsstil".
Kümmern Sie sich nicht um Musterbriefe,
nicht um die Werke Ihrer Vorgänger,
nicht um die Mitteilungen anderer.
Nur so haben Sie eine Chance,
zum neuen Mitteilungsstil zu finden.

Vergessen Sie auch alle Regeln.
Vor allem die für Ihre Schulaufsätze.
Sie wollen Mitteilungen schreiben,
die gelesen und verstanden werden.
Dazu genügt eine einzige Regel:
Fasse Dich kurz!

Diese Regel ersetzt viele andere.
Denn wenn Sie sich kurz fassen,
schreiben Sie knapper und präziser,
dynamischer und persönlicher –
schreiben Sie im neuen Mitteilungsstil.

„Fasse Dich kurz!“ bedeutet:
Einfache Worte!

Ihre Mitteilungen werden kürzer,
wenn Sie einfachere Wörter verwenden.
Wörter sind in der Regel um so einfacher,
je weniger Silben sie haben.

Seien Sie deshalb geizig mit Silben.
Wählen Sie aus mehreren Möglichkeiten
immer das einfachste Wort:

bald	–	alsbald
mit	–	mittels
nach	–	gemäß
alle	–	sämtliche
nur	–	lediglich
so	–	dergestalt
oder	–	beziehungsweise
wegen	–	auf Grund von
außer	–	mit Ausnahme von
deshalb	–	aus diesem Grunde
mit	–	unter Zuhilfenahme von

Seien Sie mißtrauisch gegen Wörter,
die vier oder mehr Silben haben.
Meist gibt es dafür kürzere:

Nachricht	– Benachrichtigung
Antwort	– Rückäußerung
Zahlung	– Zahlungsleistung
Mühe	– Mühewaltung
Anruf	– Telefonanruf
senden	– übersenden

„Verbindlichen Dank für Ihr Antwortschreiben"
enthält 11 Silben.

„Vielen Dank für Ihren Brief"
enthält nur 7 Silben.
Es ist kürzer, knapper – und höflicher!

Geschäftsbriefe wären viel besser,
wenn das Porto nach Silben berechnet würde!

Drücken Sie die folgenden Mitteilungen
kürzer und knapper aus.
Sparen Sie Silben!
(Wenn Sie sich selbst prüfen wollen,
decken Sie die rechte Seite zunächst zu.)

A Anläßlich meines Besuchs wurde vereinbart, die Arbeit dergestalt zu planen, daß seitens des Kunden nur die nachstehend aufgeführten Leistungen zu erbringen sind:

(Sparen Sie mindestens 10 Silben!)

B In Anbetracht dessen, daß es sich um ein Versehen unsererseits handelt, müssen wir die Waren umtauschen beziehungsweise den Kaufpreis zurückerstatten.

(Sparen Sie mindestens 17 Silben!)

C Zu unserem Bedauern sehen wir uns außerstande, sämtliche Ihrer Wünsche zu erfüllen. Lediglich die gewünschten Sonderdrucke sind (mit Ausnahme der Nr. 7) vorrätig.

(Sparen Sie mindestens 16 Silben!)

In diesen Beispielen sind nur
lange Wörter und umständliche Ausdrücke
durch kürzere, einfachere ersetzt.
Mit Hilfe der späteren Regeln
könnten Sie sich noch kürzer fassen!

A Bei meinem Besuch wurde vereinbart, die Arbeit so zu planen, daß vom Kunden nur die folgenden Leistungen zu erbringen sind.

B Da es unser Versehen ist, müssen wir die Ware umtauschen oder den Kaufpreis erstatten.

C Leider können wir nicht alle Ihre Wünsche erfüllen. Nur die gewünschten Sonderdrucke sind (außer Nr. 7) vorrätig.

„Fasse Dich kurz!" bedeutet:
Wenige Worte!

Verzichten Sie auf jedes Wort,
das nichts Wesentliches aussagt.
Es ist unnützer Ballast,
kostet Zeit beim Schreiben und Lesen
und mindert die Wirkung.

Meiden Sie die überflüssigen Füllwörter,
die sich aus Gewohnheit einschleichen:

„Wir danken für den (uns erteilten) Auftrag."
„Wir erwarten Ihren (telefonischen) Anruf."
„Entschuldigen Sie die (aufgetretene) Störung."
„Die (stattgefundene) Aussprache ergab ..."

Verzichten Sie auf nichtssagende Floskeln.
Der „Geschäftsstil" ist voll davon:

„Eine Kopie fügen wir (zu Ihrer Orientierung) bei ..."
„Anbei erhalten Sie (zu Ihrer gefl. Bedienung) ..."
„... reichen wir Ihnen (zu unserer Entlastung) zurück."

Entrümpeln Sie Ihren Stil
von allem unnötigen Schwulst.
Schreiben Sie direkt!

Wenn Sie etwas mitteilen wollen,
dann teilen Sie es mit:
„Die Lieferung ist noch nicht eingetroffen."
Kündigen Sie nicht erst an:
„In obiger Angelegenheit teilen wir Ihnen mit,
daß die Lieferung noch nicht eingetroffen ist."

Wenn Sie etwas fragen wollen,
dann fragen Sie einfach:
„Ist der Artikel auch mit Eindruck lieferbar?"
Winden Sie sich nicht erst:
„Hiermit gestatten wir uns die höfliche Anfrage,
ob der Artikel auch mit Eindruck lieferbar ist."

Je weniger Worte Sie machen,
um so stärker ist die Wirkung.

Entrümpeln Sie die folgenden Mitteilungen
von überflüssigen Füllwörtern
und nichtssagenden Floskeln.
Seien Sie sparsam mit Worten!

A Wie Sie aus dem zu Ihrer Orientierung beigefügten Preisblatt entnehmen können, wird der betreffende Artikel in zwei verschiedenen Größen geliefert.

(Sparen Sie mindestens 5 Wörter!)

B Anbei überreichen wir Ihnen die von Ihnen gewünschten Unterlagen zu Ihrer gefl. Bedienung.

(Sparen Sie mindestens 9 Wörter!)

C Im übrigen können wir Ihnen mitteilen, daß wir mit den von Ihnen gemachten Vorschlägen einverstanden sind.

(Sparen Sie mindestens 10 Wörter!)

D Wir dürfen Sie höflichst bitten, die von uns irrtümlich ausgestellte Rechnung über den Betrag in Höhe von DM 200,- wieder an uns zurückzuschicken.

(Sparen Sie mindestens 12 Wörter!)

In Ihrer Lösung sollten
folgende Wörter übrigbleiben:

A Wie Sie aus dem beigefügten Preisblatt entnehmen können, wird der Artikel in zwei Größen geliefert.

B Anbei die gewünschten Unterlagen.

C Wir sind mit Ihren Vorschlägen einverstanden.

D Bitte schicken Sie die irrtümlich ausgestellte Rechnung über DM 200,-- zurück.

„Fasse Dich kurz!“ bedeutet:
Kurze Sätze!

Ein Punkt ist eine Atempause.
Gönnen Sie Ihrem Leser diese Pausen:
Schreiben Sie kurze Sätze.

Manchmal sind Nebensätze notwendig,
sonst entsteht „Telegrammstil“.
Aber vermeiden Sie unnötige Nebensätze.
Je mehr davon Sie unterbringen,
um so undurchsichtiger wird die Mitteilung.

Lassen Sie Hauptsachen in Hauptsätzen!
Verstecken Sie sie nicht im Nebensatz:

„Wir möchten darauf hinweisen,
daß die Teile nicht zu unserem Modell passen.“
Hauptsache: Die Teile passen nicht.

„Wir wären Ihnen sehr dankbar,
wenn Sie uns diesbezüglich anrufen würden.“
Hauptsache: Rufen Sie uns an.

Einen Punkt kann jeder richtig setzen.
Die Schwierigkeiten beginnen beim Komma:
vielleicht für Sie,
wahrscheinlich für die Schreibkräfte,
bestimmt für Ihren Leser.

Lange Sätze und umständliche Konstruktionen
soll man in handliche Hauptsätze teilen.
Hier hilft manchmal ein Doppelpunkt:

„Wir bitten Sie, darauf zu achten, daß das Gerät
bei Lieferung auf 220 V eingestellt ist."
wird durch den Doppelpunkt zu:
„Bitte beachten Sie:
Das Gerät ist auf 220 V eingestellt!"

Schreiben Sie kurze Sätze!
Sie machen es sich,
den Schreibkräften
und dem Leser leichter!

Fassen Sie die folgenden Mitteilungen neu.
Bilden Sie möglichst kurze Sätze.
Bringen Sie Hauptsachen in Hauptsätze.

A Wir dürfen Sie um Mitteilung bitten, ob es genügt, wenn wir Ihnen unsere Vorschläge schriftlich unterbreiten, oder ob Herr Schnabel noch einmal persönlich bei Ihnen vorsprechen soll.

(In 2 Hauptsätze umwandeln!)

B Wir wären Ihnen dankbar, wenn Sie uns darüber Mitteilung machen würden, wann Sie in München ankommen, da wir beabsichtigen, Sie vom Bahnhof abholen zu lassen.

(In 2 Hauptsätze umwandeln!)

C Wir bitten Sie, uns darüber zu berichten, ob die Störungen wiederholt auftreten und ob sich dabei Veränderungen der Nennspannung ergeben, sowie über die Dauer der Störungen.

(In 4 Hauptsätze umwandeln!)

D Was die Angelegenheit ERBA betrifft, so bedauern wir, Ihnen mitteilen zu müssen, daß sich hierin nichts Neues ergeben hat, obwohl wir uns sehr bemüht haben.

(In 1 Hauptsatz umwandeln!)

Ihre Lösungen sollten etwa
die folgenden Sätze ergeben:

A Genügt es, wenn wir Ihnen schreiben? Oder soll Herr Schnabel Sie noch einmal besuchen?

B Wann kommen Sie in München an? Wir möchten Sie vom Bahnhof abholen lassen.

C Bitte berichten Sie uns:
Traten die Störungen wiederholt auf? Verändert sich dabei die Nennspannung? Wie lange dauern die Störungen?

D Leider gibt es in der Angelegenheit ERBA trotz unserer Bemühungen nichts Neues.

„Fasse Dich kurz!" bedeutet:
Aktive Verben!

Hauptwörter sind unbeweglich, starr.
Verben sind lebendig, dynamisch.
Zu viele Hauptwörter belasten den Stil.
Verben straffen ihn und geben ihm Schwung.

Seien Sie sparsam mit Hauptwörtern,
vor allem mit denen auf -ung!
Verwenden Sie wenn möglich Verben.
Ihr Stil wird knapper und lebendiger:

erwägen	– in Erwägung ziehen
liefern	– zur Auslieferung bringen
berechnen	– in Rechnung stellen
bearbeiten	– in Bearbeitung nehmen
eintragen	– zur Eintragung bringen
beschließen	– den Beschluß fassen
abziehen	– in Abzug bringen
beweisen	– unter Beweis stellen
bedauern	– dem Bedauern Ausdruck verleihen
unterschrieben	– mit der Unterschrift versehen

Aktive Sätze verlangen aktive Verben.
Im Schriftverkehr aber wuchert das Passiv:
Niemand tut etwas, alles „wird getan".

Das Aktiv ist persönlich und deutlich.
Klar sagt es: Wer tut was?
Das Passiv klingt nach Amtsstube:
„Es wird angeordnet ..."

„Wir schickten Ihnen heute ..."
ist knapper und präziser als:
„... wurde heute an Sie zum Versand gebracht."

„Wir brauchen die Teile dringend!"
ist eindringlicher als:
„Die Teile werden von uns dringend benötigt."

Aktive Verben zwingen zur Klarheit.
Sie machen die Mitteilung kürzer,
knapper und präziser.

Machen Sie die folgenden Mitteilungen durch aktive Verben dynamischer.
Sparen Sie Hauptwörter ein!

A Wir bitten Sie höflichst um Rücksendung der Kopie nach vollzogener Unterschriftsleistung.

(Sparen Sie 2 Hauptwörter!)

B Da es sich bei Ihrer Bestellung nur um eine kleine Stückzahl handelt, werden wir die Auslieferung per Postpaket vornehmen.

(Sparen Sie 2 Hauptwörter!)

C Um die Richtigstellung der Rechnung vorzunehmen, müssen Sie die zuviel in Rechnung gestellten Verpackungskosten in Abzug bringen.

(Sparen Sie 3 Hauptwörter!)

D Seitens der Geschäftsleitung wurde Anweisung gegeben, daß von allen Abteilungen Meldung erstattet wird, wie lange die von ZL entliehenen Instrumente noch benötigt werden.

(Sparen Sie 2 Hauptwörter, vermeiden Sie Passiv!)

Ihre Lösungen sollten etwa
die folgende Form haben:

A Bitte senden Sie die Kopie unterschrieben zurück.

B Da Sie nur wenige Stücke bestellt haben, liefern wir durch Paketpost.

C Um die Rechnung zu berichtigen, müssen Sie die zuviel berechneten Verpackungskosten abziehen.

D Die Geschäftsleitung hat angeordnet: Alle Abteilungen melden, wie lange sie die von ZL entliehenen Instrumente noch brauchen.

„Fasse Dich kurz!" bedeutet:
Persönlicher Stil!

Mitteilungen sind Informationen zwischen Personen.
Deshalb sollte ihr Stil persönlich sein.

In einer Zeit „untertänigster Ergebenheit"
galt es nicht als fein,
einen Satz mit „Ich" zu beginnen.
Das führte zu sprachlichen Verrenkungen:
„Habe Ihr wertes Schreiben erhalten."
„Die Entwürfe wurden von mir abgeschickt."
„Endesunterzeichnender bittet höflich . . ."

Warum soll ein Satz nicht mit „Ich" beginnen?
Der Schreiber braucht sich nicht zu verstecken.
Am Telefon würde man unbedenklich sagen:
„Ich freue mich über Ihren Anruf."
„Ich habe noch eine Frage an Sie."
„Ich bitte um Entschuldigung."

Warum soll man es dann nicht auch schreiben?
Es ist kurz, knapp und präzise!

Es gibt mindestens eine Person,
die für den Leser interessanter ist als Sie:
er selbst!

Sprechen Sie ihn persönlich an,
dann fühlt er sich auch angesprochen.
Der Sie-Stil ist kürzer als der Wir-Stil
und dabei viel wirkungsvoller:
„Bitte schreiben Sie uns“ statt:
„Wir bitten Sie, uns mitzuteilen“
„Sie erhalten 15 % Rabatt“ statt:
„Wir gewähren ihnen 15 % Rabatt.“

Das ist mehr als eine Äußerlichkeit.
Es geht nicht nur darum,
ein paar „Wir“ durch „Sie“ zu ersetzen.
Hier können Sie beweisen,
daß Sie an den Empfänger denken.
Wenn Sie aus seinem Blickpunkt schreiben,
schreiben Sie persönlicher – und kürzer.

Fassen Sie die folgenden Mitteilungen neu:
Vom Blickpunkt des Empfängers
und mit „persönlicher Note".
Seien Sie sparsam mit „Wir"!

A Verbesserungsvorschläge sind auf beiliegendem Formular einzureichen. Die Vorschläge werden von der Vorschlagskommission geprüft und bei Verwendbarkeit prämiiert.

(Machen Sie die Mitteilung persönlicher!)

B Wir möchten uns für Ihren Auftrag vielmals bedanken. Ihre Wünsche haben wir zur Kenntnis genommen und liefern die Ware vor Ostern. Wir gewähren Ihnen wieder 5 % Rabatt.

(Vermeiden Sie den Wir-Stil!)

C Wir sind überzeugt, daß unser Produkt jeder Anforderung gewachsen ist. Wir erwarten nach Durchführung Ihrer Versuche gern Ihren Bericht.

(Kehren Sie den Blickpunkt um!)

Ihre Lösungen sollten etwa
die folgende Form haben:

A Bitte reichen Sie Ihre Verbesserungsvorschläge auf beiliegendem Formular ein. Die Vorschlagskommission prüft Ihre Vorschläge. Wenn sie brauchbar sind, erhalten Sie eine Prämie.

B Vielen Dank für Ihren Auftrag. Ihren Wünschen entsprechend erhalten Sie die Ware vor Ostern. Sie bekommen wieder 5 % Rabatt.

C Ein Versuch mit unserem Produkt wird Sie überzeugen. Bitte berichten Sie uns über das Ergebnis.

Der neue Mitteilungsstil fordert: Fasse Dich kurz!

Hier noch einmal die wichtigsten Hinweise,
wie Sie das am besten anfangen:

Wählen Sie einfache Wörter!
Einfache Wörter sind kürzer.

Machen Sie wenige Worte!
Floskeln und Phrasen sind überholt.

Bilden Sie kurze Sätze!
Hauptsachen gehören in Hauptsätze.

Benutzen Sie aktive Verben!
Verbaler Stil ist knapper und präziser.

Schreiben Sie persönlichen Stil!
Der Sie-Stil ist kurz und spricht an.

Maßstäbe für den neuen Stil

Den neuen Stil kann man auch messen.
Das kann nützlich sein,
wenn man die eigenen Mitteilungen
oder die anderer prüfen will.

Zwar kann man nicht Gedanken messen.
Für Ihre Ideen und Argumente
gibt es nur einen Maßstab:
die Reaktion des Empfängers.

Aber man kann die Form messen:
Ob Sie sich kurz gefaßt haben
oder lang und weitschweifig.
Ob Ihr Text knapp und präzise ist
oder umständlich und unklar.

Ihr Maß für die Kürze:
die mittlere Satzlänge.
Ihr Maß für die Knappheit:
die mittlere Wortlänge.

Mittlere Satzlänge

Zählen Sie die Wörter im Text.
Teilen Sie durch die Zahl der Sätze.
(Anrede und Gruß zählen nicht.
Ein Satz reicht von Punkt zu Punkt.
Auch ? , ! , ; und : beenden einen Satz!)

Im „Geschäftsstil" ist die Satzlänge
meist um 20 Wörter:

„Wir wären Ihnen dankbar, wenn Sie uns darüber Mitteilung machen würden, wann Sie in München ankommen, da wir beabsichtigen, Sie abholen zu lassen."
(23 : 1 = 23)

Im neuen Mitteilungsstil
soll die Satzlänge unter 12 Wörtern liegen:

„Wann kommen Sie in München an?
Wir möchten Sie abholen lassen."
(11 : 2 = 5,5)

Mittlere Wortlänge

Zählen Sie die Silben im Text
und teilen sie durch die Zahl der Wörter.

Lassen Sie dabei Eigennamen
und notwendige Fachwörter aus.
Es ist nicht Schuld des Schreibers,
wenn er über „Phenyldimethylpyrazolon"
oder das „Rationalisierungskuratorium" schreibt.

Im „Geschäftsstil" ist die Wortlänge
meist über zwei Silben:

„Verbindlichen Dank für Ihr Antwortschreiben!"
(11 : 5 = 2,2)

Im neuen Mitteilungsstil
soll sie um 1,5 liegen:

„Vielen Dank für Ihren Brief"
(7 : 5 = 1,4)

Der „Fasse-Dich-kurz-Index"

Silben zählen ist mühsam.

Für die tägliche Praxis
schlage ich einen anderen Maßstab vor:
Den Fasse-Dich-kurz-Index.

Sie errechnen ihn so:

1. Zählen Sie die Sätze.
(Ohne Anrede und Gruß)

2. Zählen Sie die Wörter,
die mehr als 2 Silben haben.
(Ohne Namen und Fachwörter)

3. Rechnen Sie:

$$\frac{\text{Zahl der mehrsilbigen Wörter (M)} \cdot 10}{\text{Zahl der Sätze (S)}}$$

Die Formel: $FDK = \frac{10\ M}{S}$

Der FDK-Index wird um so höher,
je umständlichere Sätze Sie schreiben
und je längere Wörter Sie wählen.
Je niedriger der FDK-Index,
um so knapper ist Ihre Mitteilung.

FDK-Index	*Stil der Mitteilung*
bis 10	sehr knapper Stil (Fernschreibstil)
11–25	kurz, knapp, präzise (Neuer Mitteilungsstil)
26–50	weitschweifig (Üblicher „Geschäftsstil“)
über 50	umständlich, schwülstig (Alter Zopfstil)

Der folgende Auszug
entstammt einem Originalbrief:

Betr.:Prüfungsbericht vom 16.11.67

Sehr geehrter Herr X,

wir kommen heute zurück auf obigen Prüfungsbericht und nehmen höflich Bezug auf die bisher mit Ihnen geführte Korrespondenz, anläßlich der seinerzeit von uns vorgeschlagenen Reklamationen, die nach Überprüfung der uns nunmehr übersandten Rechnungsunterlagen zeitigte, daß in einigen Fällen auf Grund unserer damaligen Vorschläge und durchgeführten Reklamationen bei den Speditionsfirmen Y und Z umfangreiche Frachtersparnisse für Sie eingetreten sind.

Wie Ihnen bekannt sein wird, sind wir im Rahmen des mit Ihnen abgeschlossenen Vertrages nicht nur an erfolgten Erstattungen, sondern auch an durch unsere Mitwirkung eingetretenen Frachtersparnissen beteiligt. Wir gestatten uns daher eine entsprechende Rechnung über die in vorstehenden Fällen eingetretene Ersparnis in Höhe von insgesamt DM ... mit der freundlichen Bitte um Begleichung zu überweisen.

Im neuen Mitteilungsstil
würde dieser Brief etwa so lauten:

<u>Prüfungsbericht vom 16.11.67</u>

Sehr geehrter Herr X,

in unserem Bericht hatten wir empfohlen, einige Frachten zu reklamieren. Die Rechnungen zeigen: Sie haben damit Erfolg gehabt. Bei den Firmen X und Y konnten Sie dadurch auch später Frachten sparen.

Nach unserem Vertrag sind wir an Erstattungen beteiligt. Ebenso an Einsparungen, die durch unseren Rat erzielt wurden. Eine Rechnung hierüber liegt bei.

FDK-Index: $\frac{10 \cdot 11}{7} = 16$

FDK-Index: $\frac{10 \cdot 38}{3} = 127$

◀ Eine Rekordzahl – aber so ist auch der Text!

Und nun ein anderes Beispiel:
Ein Rundschreiben.

Sehr geehrter Kollege!

Vom Vorstand des Arbeitskreises... bin ich auch in diesem Jahr mit der Zusammenstellung des Mitgliederverzeichnisses für das Jahr 1965 beauftragt worden, das zum Jahreswechsel erscheint.

Ich bitte Sie, mir diese Arbeit zu erleichtern und mir den anliegenden Personalfragebogen umgehend ausgefüllt wieder zurückzusenden. Ich danke Ihnen schon heute für eine prompte Erledigung.

Da der redaktionelle Teil dieses Mal um die Anschriften von Verbands-Pressestellen und uns interessierende Institutionen erweitert werden soll, würde ich mich freuen, wenn Sie mir gegebenenfalls auf einem besonderen Blatt solche Anschriften mitteilen würden, die ich dann mit verwerte.

FDK-Index: $\frac{10 \cdot 19}{4} = 48$

(Die Wörter: Arbeitskreis, Mitgliederverzeichnis, Personalfragebogen, Verbands-Pressestelle werden nicht gezählt!)

Im neuen Mitteilungsstil
würde dieses Rundschreiben etwa lauten:

Mitgliederverzeichnis 1965

des Arbeitskreises ...

Sehr geehrter Kollege,

zum Jahreswechsel erscheint das neue Mitgliederverzeichnis. Der Vorstand des Arbeitskreises hat mich auch in diesem Jahr beauftragt, es zusammenzustellen.

Bitte erleichtern Sie mir diese Arbeit:

Füllen Sie den beiliegenden Personalfragebogen aus und schicken Sie ihn möglichst schnell zurück. Schon heute besten Dank!

Noch eine Bitte: Wir möchten diesmal auch die Verbands-Pressestellen und für uns interessante Institutionen aufführen. Kennen Sie solche Stellen? Dann teilen Sie mir bitte die Anschriften mit.

FDK-Index: $\frac{10 \cdot 9}{9} = 10$

Noch ein Beispiel.
Es stammt aus einem Lehrbuch:

Beförderung von fünf Kisten

Sehr geehrte Herren!

Wir beziehen uns auf unser o. a. Schreiben und auf Ihre Antwort vom 1.12.1962, worin Sie uns zusicherten, die Kisten am vergangenen Freitag nach Kassel mitzunehmen.

Leider mußten wir vergeblich auf Ihren Lieferwagen warten. Da unser Kunde in Kassel die Ersatzteile dringend benötigt, bitten wir Sie, umgehend die Kisten abzuholen.

Es wäre uns sehr angenehm, wenn Sie unserem Wunsch nun diesmal im Laufe dieser Woche wirklich entsprächen. Bedenken Sie bitte, daß wir seit zwanzig Jahren angenehme Geschäftsbeziehungen mit Ihnen pflegen.

FDK-Index: $\frac{10 \cdot 17}{5} = 34$

Im neuen Mitteilungsstil
würde dieser Brief etwa lauten:

<u>Beförderung von fünf Kisten</u>

Sehr geehrter Herr X,

Sie hatten uns zugesagt, die Kisten am 9.12.62 nach Kassel mitzunehmen. Wir haben leider vergeblich auf Ihr Fahrzeug gewartet. Unser Kunde in Kassel braucht die Teile dringend.

Bitte lassen Sie die Kisten so schnell wie möglich abholen!

FDK-Index: $\frac{10 \cdot 5}{4} = 13$

Schreiben und Antwort gehören in den „Bezug".
Der letzte Absatz entfällt,
weil er die Bitte nur abschwächt.

Der FKD-Index dieses Buches

Falls es Sie interessiert:

Der Text dieses Buches
(ohne die Beispiele)
hat einen FDK-Index von rund 14.

Formen der Mitteilung

Das Telegramm

Eine schnelle Form der Mitteilung
ist das Telegramm.
Aber es ist kostspielig.
Auch hat man keine Kopie
des übermittelten Textes.

Man wählt diese Mitteilungsform
meist nur in Ausnahmefällen.

Die Form des Telegramms

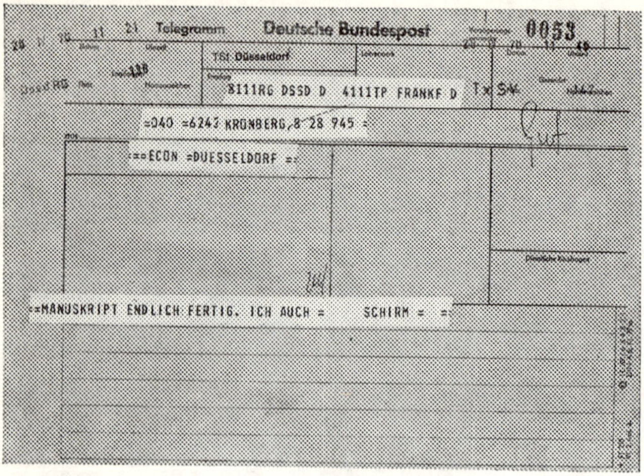

Telegramm Deutsche Bundespost

TSt Düsseldorf

8111RG DSSD D 4111TP FRANKF D

=040 =6243 KRONBERG/8 28 945 =

==ECON =DUESSELDORF ==

==MANUSKRIPT ENDLICH FERTIG. ICH AUCH = SCHIRM = ==

Der *Leitweg* ist nur fürs Ausland wichtig.
(Zum Beispiel über Kabel oder Funk)

Die wichtigsten *Dienstvermerke* sind:

D Dringendes Telegramm
LT Brieftelegramm
RP Bezahlte Rückantwort
PC Telegrafische Empfangsanzeige

Der *Empfänger* muß so genau bezeichnet sein, daß eine Zustellung ohne weiteres möglich ist.
Die billigste Möglichkeit: Vereinbarte Kurzanschrift.
Die zweitbilligste: Fernsprech- oder Telexnummeranschluß.

Der *Text* in offener Sprache oder in Code.
(Ausnahmen bei Auslandstelegrammen beachten!)

Die *Unterschrift* ist nicht vorgeschrieben.
Aber Unterschrift ohne Text ist verboten!

Telegrammstil

Um einem Mißverständnis vorzubeugen:
Der neue Mitteilungsstil ist kein „Telegrammstil".

Der Telegrammstil ist nicht knapp und präzise.
Er ist keine Sprache mit eigener Logik,
sondern mit der Logik der Gebührenordnung:
Ein Wort darf 15 Buchstaben haben.
Deshalb werden Wortungetüme gebaut:
RÜCKDRAHTET ANNEHMBARKEIT ANGEBOT.
„Drahtet zurück, ob Angebot annehmbar"
würde fast das Doppelte kosten.

Auch „baldmöglichst" ist Telegrammstil.
„Möglichst bald" ist nicht länger,
aber es kostet doppelte Gebühr.

Die Forderung: „Fasse Dich kurz!"
soll nicht nur dem Absender Kosten sparen,
sondern auch dem Empfänger Zeit und Mühe.
Dafür ist Telegrammstil schlecht geeignet.

Zur Gebührenordnung

Telegrammgebühren sind eine Wissenschaft.
Ihre Grundlage ist die „Telegraphenordnung von 1926".
Hier nur einige Besonderheiten:

FRANKFURT MAIN gilt in der Anschrift als ein Wort,
im Text oder der Unterschrift aber als zwei.
Dort schreibt man besser FRANKFURTMAIN.

WIE GEHT'S zählt
bei einem Auslandstelegramm 4 Wörter,
im Inland 3, WIE GEHTS nur 2.

Da immer 5 Zahlen oder Zeichen als ein Wort gelten,
zählt 444 ½ = zwei Wörter, 444,5 nur ein Wort.
15 x 6 sind 3 Wörter, 15x6 nur ein Wort.
10 Uhr 30 sind 3 Wörter, 10h30 nur eins!

Informieren Sie sich über die Gebührenordnung,
Sie können viel Geld sparen!

Das Fernschreiben

Fernschreiben ist rationell:
unmittelbar, zeitsparend und sicher.

Die Zahl der Fernschreiben nimmt ständig zu,
schneller als die anderer Nachrichtenmittel.
Es paßt auch besser in unsere Zeit,
Nachrichten elektronisch zu übermitteln
als Papier zu transportieren.

Die Form des Fernschreibens

Der Kopf

Austausch der Kennungen:
„Wer da?" (Kennung des Partners)
„Hier ist" (eigene Kennung)

fs-Nummer, Datum, Uhrzeit, Kurzzeichen
Firma, Abteilung, Name des Empfängers

Betreff (*nicht* unterstrichen)

Der Text

Einrücken kostet Zeit = Geld:
Alle Zeilen beginnen links.
Unterstreichen ist zeitraubend:
Hervorhebungen sperren.

Der Schluß

Wenn nötig, Grußformel
(mfg = mit freundlichen Grüßen)
Ihre Firma, Abteilung, Name des Unterzeichnenden.
Schlußzeichen (+++).
Nochmals Austausch der Kennungen
in umgekehrter Reihenfolge.

213897 balag d
532001 motra d

fs 158 23.3.70 14.00 m
balano ag fuhrpark herrn hofmann

betr.: reparaturauftrag r/166 vom
19. 3. 70

untersuchung ergab schweren getriebeschaden durch verwendung von ungeeignetem schmieroel. raten von reparatur ab, da einwandfreier lauf nicht gewährleistet ist. haben austauschgetriebe auf lager. preis: dm 1800,-. erbitten fs-bescheid, ob wir getriebe auswechseln sollen.

mfg motor ag brose +++

532001 motra d
213897 balag d

Fernschreibstil

Das Fernschreiben schuf einen neuen Mitteilungsstil:
Die kurze, knappe, präzise Information.
Die Gebührenordnung gibt den Anreiz.
Hier ist einfach Zeit gleich Geld.
Umständlichkeit und Unklarheit kommen teuer.

Ein Hersteller von Fernschreibgeräten rät:
„Ein gutes Fernschreiben wird so zweckmäßig und zeitsparend wie möglich aufgebaut. Der Text soll kurz und klar sein, er wird wesentlich knapper gehalten als bei einem Brief. Verhältniswörter und Artikel, umständliche Höflichkeitsfloskeln u. ä. können vielfach weggelassen werden, ohne daß dabei der Sinn entstellt wird.

Ein Beispiel: Statt
‚Wir bitten höflichst um diesbezügliche Nachricht'
heißt es einfach
‚Erbitten Nachricht'."

Wie merkwürdig:
Umständlichkeit und höfliche Floskeln
werden als überflüssig empfunden,
sobald sie Gebühren kosten.
(In unserem Beispiel 9 Pfennige.)
Eine fragwürdige „Höflichkeit“,
auf die man so leicht verzichtet!

Wir verdanken es dem Fernschreiben,
daß es eine Möglichkeit gibt,
knapp und klar zu schreiben,
ohne „unhöflich“ zu sein.
Die Gebührenordnung macht's möglich!

So führt der Fernschreibstil
zum neuen Mitteilungsstil.
Er durchbricht den Teufelskreis
der eingefahrenen Floskeln und Riten.
Er setzt einen neuen Maßstab:
Die kurze, knappe, präzise Mitteilung.

Vom Fernschreiben zum Brief

Vor mir liegt ein Fernschreiben:

betr.: auftrag a/1227 v. 3.2.70

teillieferung heute eingetroffen. erbitten fs-bescheid, wann restlieferung erfolgt. ware wird dringend gebraucht.

Daraus wird ohne Mühe ein Brief
im neuen Mitteilungsstil:

<u>Auftrag A/1227 vom 3.2.70</u>

Ihre Teillieferung ist heute eingetroffen. Bitte geben Sie uns rasch Bescheid, wann der Rest geliefert wird. Wir brauchen die Ware dringend!

Ein Korrespondent erhielt den Auftrag,
hierzu einen Geschäftsbrief zu schreiben.
Das kam dabei heraus:

Betr. Unser Auftrag A/1227 vom
3. Februar 1970

Sehr geehrte Herren!

Mit Bezug auf obigen Auftrag können wir Ihnen mitteilen, daß Ihre Lieferung heute bei uns eingetroffen ist. Zu unserem Bedauern mußten wir jedoch bei Überprüfung der Lieferpapiere die Feststellung machen, daß es sich offenbar nur um eine Teillieferung handelt.

Wir dürfen Sie ebenso höflich wie dringend bitten, uns unverzüglich davon in Kenntnis zu setzen, wann wir definitiv mit der Lieferung der restlichen Ware rechnen können, da wir dieselbe dringend benötigen.

In Erwartung Ihrer umgehenden Rückäußerung verbleiben wir

Hochachtungsvoll

Sie sehen: Der neue Mitteilungsstil
läßt sich leicht aus dem Fernschreibstil,
aber schwer aus dem üblichen „Geschäftsstil“ aufbauen.

Der Brief

Der Brief ist das älteste
der hier genannten Nachrichtenmittel.
Und das persönlichste.

Trotz aller Elektronik
steht es immer noch an der Spitze:
Über 10 Milliarden Briefsendungen
befördert die Bundespost jährlich,
und die Zahl nimmt weiter zu.

Briefstil

„Ein gutes Fernschreiben wird so zweckmäßig
und zeitsparend wie möglich aufgebaut."
Warum eigentlich nur ein Fernschreiben?
Ist bei einem Brief nicht Zeit = Geld?

Vielleicht, weil die Gebührenordnung
beim Brief andere Maßstäbe setzt:
Ein Brief voll Schwulst und Phrasen
kostet ebensoviel wie eine knappe Mitteilung.
Das heißt, er kostet ebensoviel Porto.
Wenn die Schreiber wüßten,
was ihre Briefe wirklich kosten:
Den Absender Diktier- und Schreibzeit.
Den Empfänger die Zeit,
sich durch das Wortgestrüpp zu arbeiten.

Umständlichkeit und unnötige Floskeln
kommen auch im Brief teuer.
Nur bekommt man die Rechnung
nicht so sichtbar präsentiert.

Man hat offenbar längst vergessen,
daß unser Wort „Brief“
vom lateinischen „brevis“ kommt,
und das heißt „kurz“!

Ein Brief ist also eine kurze Mitteilung.
Aber die Briefe wurden lang und länger.
Schnörkel und Floskeln kamen hinein
und hielten sich hartnäckig
bis in den heutigen „Geschäftsstil“.

Vom Fernschreiben kommen die Impulse
für den Mitteilungsstil unserer Zeit:
Einen knappen, zeitsparenden Stil.

Jetzt muß sich der Briefstil angleichen.
Damit Mitteilungen nicht mehr aussehen,
als kämen sie aus zwei Welten:
Fernschreiben aus unserer modernen Welt,
Briefe aus der Welt der Postkutsche.

Andere Formen der Mitteilung

Briefe, Fernschreiben, Telegramme:
das sind die üblichen Mitteilungsformen.
Jedenfalls für schriftliche Mitteilungen nach außen.
Ihre Eigenarten wurden hier dargestellt.

Hinzu kommt noch ein weites Feld:
der interne Schriftverkehr.
Die Aktennotizen und Weisungen,
Hausmitteilungen und Protokolle.
Ihre Formen sind mannigfaltig,
die betrieblichen Gepflogenheiten unterschiedlich.
Feste Regeln lassen sich daher schwer aufstellen.

Aber die Grundsätze des modernen Schriftverkehrs
gelten auch für die internen Mitteilungen:
Zuerst die Gedanken präzisieren,
dann den kürzesten Ausdruck dafür finden –
das hilft auch den internen Schreiben.
Sie werden mit größter Wahrscheinlichkeit gelesen
und mit größerer Sicherheit richtig verstanden.

Der Aufbau des Geschäftsbriefes

Die Elemente des Briefaufbaus

„Bezugszeichen“ und „Betreff“,
Briefanfang und Briefschluß –
das scheinen nur Äußerlichkeiten zu sein.

Aber wenn man sie richtig anwendet,
können sie viel helfen:
zu kürzeren, knapperen, präziseren Briefen.

Der „Bezug“

Ihr Brief kann ein erster Kontakt sein.
Er kann aber auch eine Antwort sein,
Ihre Reaktion auf einen anderen Brief.
Dann hat er einen „Bezug“.

Verweisen Sie auf den Bezugsbrief
mit Kurzzeichen und Datum.
Damit helfen Sie dem Empfänger:

1. Ihren Brief richtig zu leiten.
2. sich über den Vorgang zu orientieren.

Das genügt aber auch!
Ersparen Sie sich und dem Leser
die geistlosen Briefanfänge:

„Wir nehmen Bezug auf Ihr Schreiben vom . . .“
„In Erledigung Ihrer Zuschrift vom . . .“
„Wir sind im Besitz Ihres Schreibens . . .“
„Vom Inhalt Ihres obigen Schreibens
haben wir Kenntnis genommen . . .“

Beziehen Sie sich nicht auf einen Brief,
sondern auf ein Gespräch oder einen Anruf,
dann weisen Sie auch darauf hin.
Aber in Kurzform vor dem Text!

Der Bezugsvermerk:
„Unterredung am 5. 2. 70
(Herr Huber, DEBAG, Herr Schnick, ILMO)“
informiert den Empfänger ausreichend.

Er erspart Ihnen im Text Sätze wie:
„Wir nehmen höflich Bezug auf die zwischen Ihrem
sehr geehrten Herrn Huber und unserem Herrn Schnick
stattgefundene Unterredung und teilen Ihnen mit, . . .“

Wenn Sie aber im Brieftext
den Bezug doch erwähnen müssen,
dann bitte ohne „obig“:
„Vielen Dank für Ihr (obiges) Schreiben . . .“
„Da in dem (obigen) Gespräch keine Einigung . . .“

Der „Betreff“

Der Betreff im Brief ist eine Hilfe:
Dem Schreiber hilft er,
sein Ziel zu präzisieren,
dem Empfänger, sich zu orientieren.

Der Betreff ist die Überschrift eines Briefes.
Jeder Brief sollte eine Überschrift haben,
es sei denn, er ist sehr kurz
oder soll sehr persönlich wirken.

Gute Journalisten geben sich viel Mühe,
die richtigen Überschriften zu finden.
Mit der gelungenen Überschrift
gewinnen sie das Interesse des Lesers.

Auch für Briefe ist die Überschrift wichtig,
besonders bei ersten Kontakten:
Es kann vom richtigen „Betreff“ abhängen,
ob der Brief in die richtigen Hände kommt
und mit Interesse gelesen wird.

Machen Sie den besten Gebrauch
von dieser einfachen Möglichkeit,
den Leser vorher zu orientieren
und sein Interesse zu gewinnen.

Versuchen Sie, im Betreff
das für den Empfänger Wesentliche
in kurzer Form auszudrücken.

Wiederholen Sie nicht im Betreff,
was schon im Bezug steht.
Also nicht: „Betr. Ihr Schr. v. . . ."
Ihr Brief betrifft nicht das Schreiben,
sondern seinen Inhalt!

Beziehen Sie sich im Brieftext
nicht wieder auf den Betreff:
Hinweise auf „obige Angelegenheit",
„obigen Auftrag" oder „obige Rechnung"
sind unschön und überflüssig.

Die Anrede

Die Anrede ist zur Formel geworden.
„Sehr geehrter Herr X“ bedeutet nicht,
daß wir Herrn X besonders ehren –
wie der Brieftext oft enthüllt.

In Fernschreiben entfällt die Anrede.
Niemand fühlt sich dadurch gekränkt.
In Briefen wird der Empfänger noch „geehrt“.
Bis der neue Mitteilungsstil
diese leere Formel überflüssig macht
und allein der Inhalt des Briefes zeigt,
was einem der Empfänger wert ist.

Die Firmenanrede „Sehr geehrte Herren“
wird immer absurder:
Sie beschwört das Bild einer Männerwelt,
in der Frauen nichts zu sagen haben.

Helfen Sie bitte mit,
diese überholte Formel auszurotten!

Die meisten fühlen sich unsicher,
wenn es um die Anrede geht.
Das beweisen die vielen Bücher darüber.
Eines weist 1500 verschiedene Titel,
Amtsbezeichnungen und Dienststellungen nach.

Sie erfahren aus solchen Büchern vieles:
Wie man eine Oberstudienrätin anredet;
daß ein Graf „Euer Durchlaucht" ist;
daß ein Abt ein „hochwürdigster Herr" ist,
ein Prior aber nur ein „hochwürdiger";
daß ein Arbeiter eine Frau hat,
ein Herr Direktor aber eine Gemahlin.

Sehr aufschlußreich für den Soziologen –
aber sollten wir nicht endlich zugeben,
daß sich unsere Gesellschaft verändert hat?
Viele Anreden waren schon 1870 verstaubt.
1970 sind sie unerträgliche Zöpfe,
die endlich abgeschnitten werden müssen.

Der Anfang

Aller Anfang ist schwer.
Deshalb macht man ihn gern leichter
und fängt zunächst „im Leerlauf" an:

„Wir sind im Besitz Ihres obigen Schreibens, in dem Sie uns davon in Kenntnis setzen, daß Sie Lieferungen an uns in Zukunft unmittelbar von Ihrem neuen Auslieferungslager in Z. tätigen werden und uns bitten, Bestellungen dorthin zu richten. Wir dürfen Ihnen dazu mitteilen . . ."

Bis hierher braucht man nicht nachzudenken.
Allerdings hat man auch nichts Neues gesagt.
Aber nun ist man „warmgelaufen"
und kann zur Mitteilung kommen.

Dafür hat man dem Empfänger unterstellt:

1. daß er keine Bezugszeichen liest,
2. daß er seinen Brief vergessen hat,
3. daß er den Vorgang nicht mehr findet.

Der neue Mitteilungsstil
verzichtet auf solchen Leerlauf,
der Schreiber und Leser nur Zeit kostet.

Er überläßt die Orientierung des Lesers
dem „Bezug“ und „Betreff“
und kommt sofort zur Sache:

„*Lieferung ab Lager Z*
Unser Einkauf hat die neue Anschrift vermerkt.
Wir freuen uns über die kürzeren Lieferzeiten!“

Das ist kürzer – und höflicher.

Mit den ersten 10 Worten
gewinnen Sie das Interesse des Lesers –
oder verlieren es.

Nutzen Sie diese Chance,
Ihre Mitteilung wirksamer zu machen!

Der Schluß

Es ist immer eine Kunst,
im rechten Augenblick aufzuhören.

Wenn Sie alles mitgeteilt haben,
dann machen Sie Schluß.
Jede weitere Schlußfloskel
kostet nicht nur Zeit,
sondern kostet Sie auch Wirkung:
Sie entlassen damit den Leser
nicht mit wirksamen Argumenten,
sondern mit leeren Phrasen.

Quälen Sie sich deshalb nicht,
einen „schönen“ Schluß zu finden.
„Ohne mehr für heute“ ist albern.
„In der Hoffnung, Ihnen gedient zu haben“
ist eine abgedroschene Floskel.
Andere Formen sind auch nicht besser.

Also: Machen Sie einfach Schluß!

Es ist aber nicht gleichgültig,
womit Sie aufhören.
Der letzte Satz eines Briefes
wirkt am stärksten nach.
Benutzen Sie ihn daher,
um Ihrem Anliegen Nachdruck zu geben.

Bitten und Aufforderungen
gehen im Brieftext leicht unter.
Sie haben am Schluß die beste Chance.
Besonders, wenn sie allein stehen,
und nicht mit dem übrigen Text
oder der Grußformel verbunden werden.

„Bitte rufen Sie uns an!"
ist eine wirksame Aufforderung.

„Ihrer telefonischen Rückäußerung
entgegensehend zeichnen wir . . ."
ist eine Formel, die leicht überlesen wird.

Der Gruß

Mit den Grußformeln ist es ebenso
wie mit der Anrede:
Überholte Ergebenheits-Bekundungen
halten sich noch immer hartnäckig:

„Mit dem Ausdruck vorzüglicher Hochachtung
grüße ich Sie als Ihr sehr ergebener . . ."

Lassen Sie solche Floskeln aussterben.
Sie passen nicht mehr in unsere Zeit.

Je nach dem Grade der Vertrautheit
wählen Sie Grußformeln wie:
„Mit besten Grüßen"
„Mit freundlichen Grüßen"
„Mit besten Empfehlungen"
„Hochachtungsvoll"

Was darüber hinausgeht,
ist nicht mehr neuer Mitteilungsstil.

Erliegen Sie nicht der Versuchung,
die Grußformel zu einem Satz auszudehnen:

„Ich grüße Sie freundlich als Ihr . . ."

Versuchen Sie auch nicht,
den Gruß mit dem Schlußsatz zu verbinden:

„Auf weitere angenehme Geschäftsverbindung hoffend,
verbleiben wir mit den besten Empfehlungen . . ."
„Ihrem geschätzten Auftrag entgegensehend,
zeichnen wir mit vorzüglicher Hochachtung . . ."
„In der Hoffnung, Ihnen hiermit gedient zu haben,
verbleiben wir mit freundlichen Grüßen . . ."

„Verbleiben" Sie nicht
und „zeichnen" Sie nicht,
sondern hören Sie auf.
Setzen Sie an den Schluß
nur eine kurze Grußformel.

Die „Anlagen“

Denken Sie immer daran:
„Brief“ heißt „kurz“.
Ein Brief sollte in der Regel
nicht länger als eine Seite sein.

Wenn Sie mehr Information geben müssen,
gibt es ein einfaches Mittel,
doch nur einen kurzen Brief zu schreiben:
Machen Sie Gebrauch von „Anlagen“.

Aufstellungen, Belege und Einzelheiten
fügen Sie dem Brief bei.
Sie zerreißen nicht den Lauf des Textes.
Der Leser kann sich kurz informieren.
Dann kann er die Einzelheiten
nach seinem Belieben studieren.

So halten Sie den Brief kurz
und teilen doch alles mit,
so ausführlich, wie es nötig ist.

Wenn Sie im Text des Briefes
auf solche Beilagen verweisen,
dann bitte nicht mit alten Formeln:

„In der Anlage erhalten Sie . . ."
„Beigeschlossen finden Sie . . ."
„Beiliegend übersenden wir . . ."

Mögen auch Tausende so schreiben –
es ist sprachlich falsch,
unschön und umständlich.

Es gibt so viele Möglichkeiten,
auf Beilagen hinzuweisen:
„Eine Preisliste liegt bei . . ."
„Die Entwürfe schicken wir mit . . ."
„Ein Muster erhalten Sie mit diesem Brief . . ."

Vermeiden Sie die alten „Anlage"-Formeln.
Sie passen nicht zum neuen Mitteilungsstil.

Kleine Psychologie der Mitteilung

Psychologisches

Man braucht kein Psychologe zu sein,
um eine brauchbare Mitteilung zu schreiben.
Wenn man seine Gedanken präzisiert,
wenn man an den Empfänger denkt
und an seine Reaktionen,
wenn man sich kurz, knapp und präzise ausdrückt:
dann kann nicht viel falsch werden.

Aber es gibt typische Situationen,
in denen psychologisches Denken gut ist.
Die folgende „kleine Psychologie"
bringt Gedanken zu solchen Situationen.

Ärger

Sich ärgern ist menschlich.
Im Ärger schreiben ist unklug.

Ein ärgerliches Wort verklingt.
Der Ärger verraucht.
Ein ärgerlicher Brief aber bleibt:
Der Ärger wird „aktenkundig“.

„Dem habe ich's aber gegeben!“
ist eine billige Genugtuung,
eine Sache des Augenblicks.
Haben Sie damit wirklich erreicht,
was Sie – langfristig – wollen?

Als Ventil für Ihren Ärger
dürfen Sie einen bösen Brief schreiben.
Nur abschicken dürfen Sie ihn nicht.
Ein, zwei Tage geben Abstand.
Dann schreiben Sie den richtigen Brief:
Kurz, sachlich, überlegen.

Bedauern

Zu viele Briefe beginnen:
„Leider können wir nicht . . .“
„Zu unserem Bedauern müssen wir . . .“

Seien Sie sparsam mit dem Bedauern.
Überlegen Sie, was Sie tun können,
statt zu bedauern und nichts zu tun.

„Leider konnten wir Ihre Meldung nicht mehr
berücksichtigen, da der Lehrgang besetzt ist.“
Das ist nur negativ.
„Der Lehrgang B 5 ist schon lange ausgebucht.
Er wird aber in vier Wochen wiederholt.
Wir haben für Sie einen Platz reserviert!“
Das zeigt Alternativen.

Bedauern Sie nie am Anfang.
Das setzt Enttäuschung vor die Mitteilung.
Stellen Sie das Positive heraus.
Das ist besser als viele „Leider“.

Belehrung

Lassen Sie den „erhobenen Zeigefinger“ unten!
Belehrung im Schriftverkehr
wird selten geschätzt.

Verzichten Sie auf Wendungen wie:
„Wie Ihnen doch bekannt sein dürfte . . .“
„Offenbar ist es Ihnen entgangen, daß . . .“
„Sie wissen offenbar noch nicht, daß . . .“
„Es ist doch allgemein bekannt, daß . . .“

Die kleine Genugtuung,
das eigene überlegene Wissen zu zeigen,
wird meist teuer erkauft:
mit einem verstimmten Partner.

Denn niemand verliert gern Gesicht.
Belehren Sie deshalb nicht,
sondern teilen Sie Tatsachen mit.
Daraus lernt der Partner,
ohne Gesicht zu verlieren.

Dank

Dank darf nicht zur Floskel werden.
Wenn jede Antwort anfängt:
„Vielen Dank für Ihren Brief",
dann wird der Dank entwertet.

Nur das nicht Selbstverständliche
verdient einen Dank
und sollte ihn immer erhalten.

Dank wird durch Worte nicht „dankbarer".
„Verbindlichster Dank" ist auch nur Dank,
aber im Kostüm von gestern.
Wenn Sie den Dank verstärken wollen,
sagen Sie, warum Sie dankbar sind:
„Der Aufsatz, den Sie uns schickten, hat uns
auf neue Möglichkeiten des Vertriebs gebracht.
Vielen Dank für diesen wertvollen Hinweis."

Dankbarkeit spricht aus dem Text,
nicht aus einzelnen Floskeln!

Entschuldigung

Es ist nie angenehm,
sich entschuldigen zu müssen.
Wenn man es aber schon tut,
dann kurz – und ehrlich!

Und vor allem ohne „Alibis“:
„Der Fehler geschah in unserem Versand . . .“
„Ein neuer Angestellter hat versehentlich . . .“
Abschieben der Verantwortung wirkt peinlich.

Nehmen Sie auch die Entschuldigung
nicht gleich wieder zurück:
„. . . bitten wir zu entschuldigen. Allerdings
dürfen wir auf unsere Lieferbedingungen hin-
weisen, die ausdrücklich vorschreiben . . .“

Entweder Sie sind im Recht:
Dann erklären Sie sachlich Ihren Standpunkt.
Oder der Fehler liegt bei Ihnen:
Dann entschuldigen Sie sich!

Erstaunen

Sie können erstaunt sein –
aber Sie sollten es nicht schreiben.

Viele Mitteilungen beginnen:
„Zu unserem Erstaunen müssen wir feststellen . . ."
„Wir sind überrascht, zu hören, . . ."
„Mit Befremden haben wir Kenntnis genommen . . ."
Demnach bringt jeder Posteingang
einen Chor erstaunter „Oh's".
Das ist doch albern!

Lassen Sie Ihre Gefühle aus dem Spiel.
Bleiben Sie immer sachlich.

Schreiben Sie also nicht:
„Wir sind erstaunt, daß Sie Punkt 3
unserer Abmachung dahingehend auslegen, . . ."
Schreiben Sie einfach:
„Über Punkt drei unserer Abmachung
besteht offenbar ein Mißverständnis . . ."

Höflichkeit

Zur Höflichkeit genügen zwei Worte:
„Bitte“ und „Danke“.
Alles andere ist Phrase.

„Bitte schreiben Sie uns“,
das ist höflich.
„Wir erwarten gern Ihre geschätzte Antwort“,
das sagt nicht mehr,
aber es stiehlt dem Leser Zeit.

Höflich ist eine Mitteilung, die
1. den Standpunkt des Empfängers achtet,
2. persönlich auf ihn eingeht,
3. ihn kurz, knapp und präzise informiert.

Am unhöflichsten ist die Abkürzung:
der „frdl.“ Gruß, die „gefl.“ Kenntnis,
die „höfl.“ Anfrage, der „verbindl.“ Dank.
Sie entlarvt die Höflichkeit als Floskel,
die es nicht einmal auszuschreiben lohnt.

Kritik

Niemand hört gern Kritik.
Sie nicht – und auch Ihr Partner nicht.

Üben Sie deshalb Kritik nur,
wenn es unbedingt nötig ist, und dann

angemessen:
„In dem Bericht ist unklar, . . .“
nicht übertrieben:
„Ihr Bericht ist völlig unverständlich . . .“

sachlich:
„In der Rechnung ist ein Fehler . . .“
nicht persönlich:
„Sie können offenbar nicht rechnen . . .“

konstruktiv:
„Können wir Ihnen helfen . . .“
nicht destruktiv:
„Falls das nicht anders wird . . .“

Mahnung

Mahnen ist eine heikle Sache.
Deshalb rettet man sich in alte Formeln:
„Bei Durchsicht unserer Bücher . . .“,
baut dem Säumigen goldene Brücken:
„Es ist Ihrer Aufmerksamkeit entgangen . . .“,
wirbt mit Selbstverständlichkeiten:
„Auch wir müssen unseren Verpflichtungen . . .“
oder man gibt sich originell:
„Diese Briefmarke macht es möglich . . .“,
oder was die Lehrbücher sonst empfehlen.

Aber gerade weil das Mahnen heikel ist,
sollte man sich so kurz wie möglich fassen.
Einen Kontoauszug nimmt kaum jemand übel.
Einen Brief im falschen Ton fast jeder.

Fassen Sie Mahnungen knapp, formularartig.
Nur wenn Sie den Partner gut kennen,
können Sie eine persönliche Mahnung schreiben.
„Originelle“ Schemabriefe sind immer Krampf.

Werbung

Lassen Sie sich nicht einreden,
Sie brauchten verschiedene Mitteilungsstile,
die Sie nach Bedarf hervorholen:
den „Sachstil" für reine Mitteilungen,
den „Wirkungsstil" für werbende Schreiben.
Wozu diese Unterscheidung?

Wenn Sie sich auf den Empfänger einstellen,
wenn Sie Ihre Gedanken präzise, kurz und knapp
von *seinem* Standpunkt her aufbauen –
dann hat Ihr Schreiben werbende Wirkung,
ob es sich dabei um ein Angebot
oder „nur" um eine Mitteilung handelt.
Die üblichen „werbenden" Floskeln
und anpreisenden Beteuerungen
verstärken die werbende Wirkung nicht,
sie schwächen sie eher ab.

Wirkliche „Werbebriefe" sind eine ganz andere Sache:
eine Sache für Fachleute der Werbung.